Todos los libros de Linkgua Ediciones cuentan con modelos de Inteligencia Artificial entrenados por hispanistas. Pregúntale al chat de tu libro lo que desees acerca de la obra o su autor/a.

Para ebooks: Accede a nuestro modelo de IA a través de este enlace.

Para libros impresos: Escanea el código QR de la portada con tu dispositivo móvil.

Obtén análisis detallados de nuestros libros, resúmenes, respuestas a tus preguntas y accede a nuestras ediciones críticas generativas para una experiencia de lectura más enriquecedora.
La transparencia y el respeto hacia la autoría de las fuentes utilizadas son distintivos básicos de nuestro proyecto. Por ello, las respuestas ofrecen, mediante un sistema de citas, las fuentes con las que han sido elaboradas.

José Jacinto Milanés

Poemas

Barcelona 2024
Linkgua-ediciones.com

Créditos

Título original: Poemas.

Diseño de cubierta: Michel Mallard.

CM: 978-84-9953-756-6.
tapa dura: 978-84-1126-027-5.
ISBN rústica: 978-84-96290-12-9.
ISBN ebook: 978-84-9897-856-8.

Sumario

Brevísima presentación

La vida

José Jacinto Milanés (16 de agosto de 1814 Matanzas-14 de noviembre de 1863). Cuba.

Era el hermano mayor en una familia numerosa y pobre. Conoció de niño el teatro clásico español, escribió desde muy joven ensayos dramáticos, y hablaba a la perfección italiano y francés.

En 1832 vivió en La Habana y publicó en el *Aguinaldo Habanero* (1837) su poema «La Madrugada». Más tarde, en 1838, estrenó con éxito de crítica su drama *El Conde Alarcos*.

En noviembre de 1839 sufrió un ataque cerebral y estuvo inválido durante más de dos meses.

Poco después obtuvo el cargo de secretario en la Compañía del Ferrocarril de Matanzas a Sabanilla, pero abandonó ese puesto en 1843 debido a su precaria salud y estuvo recluido en su casa, al cuidado de su hermana Carlota.

Hacía diez años que había establecido un compromiso matrimonial que abandonó fascinado por su prima Isabel Ximeno. Rechazado por la familia de ésta mostró los primeros síntomas del desequilibrio mental que padeció hasta su muerte. Más tarde, en mayo de 1846, viajó a los Estados Unidos, Londres y París, con la esperanza de curarse. Volvió en noviembre de 1849. Algo recuperado, escribió poco y su obra no parece estar a la altura de su primera etapa. En 1852 su enfermedad sufrió otra crisis y vivió en un mutismo absoluto hasta su muerte.

La antología

Milanés fue un espíritu melancólico y su poesía refleja los altibajos de sus continuas depresiones.

Fue más que un poeta maldito un poeta maldecido por sus propias angustias y su extremo romanticismo visible en sus poemas.

Requiescat in pace

I

Yo la vi resplandeciente
En las filas del sarao,
Y la juzgué el vivo sueño
Del poeta enamorado.
El melancólico brillo
De un lucero solitario,
Y el místico Sol del aura
En torno de un campanario,
Eran la luz de sus ojos
Y el acento de sus labios.

Como los ángeles puros
Iba vestida de blanco:
Su mejilla fresca y roja
Como la flor del granado.
Sus amigas le reían:
Su madre en luengos abrazos
Devoraba a puros besos
Aquel su vivo retrato.

II

¡Pobre doncella! Dos soles
Después del baile bizarro,
Vagaba yo silencioso
En torno del camposanto
Cuando el quejido del hierro
Nueva tumba socavando,
Me hizo entrar. El hombre oscuro
Que cuida de sepultarnos,
Ya fríamente acostaba

En nuestro lecho de barro
Una beldad. Clavé en ella
Mi vista... ¡Oh Dios justo y santo!

¡Vi la rosada mejilla!
¡Conocí el vestido blanco!

La madrugada

Necio y digno de mil quejas
El que ronca sin decoro,
Cuando el Sol con rayo de oro
Da en las domésticas tejas.

¿Puede haber cosa más bella
Que de la arrugada cama
Saltar, y en la fresca grama
Del campo estampar la huella?

Campo digo; porque pierde
La mañana su sonrisa,
En no habiendo agreste brisa,
Mucho azul y mucho verde.

No hay que gozarla en ciudad:
En todo horizonte urbano
Se estaciona de antemano
Triste vaporosidad.

Luego ved tanto edificio
Alto serio... Angustia dan:
El alba, el Sol allí están
Como sacados de quicio.

No: yo he de andar a mis anchas
Una campiña florida,
Por ver del alba querida
La faz virgen y sin manchas:

Verla en oriente lucir
Diáfana, rosada, bella
Como una casta doncella
Que enamora al sonreír.

Yo no sé cómo hay cabeza
Tan interesada y fría,
Que no ame, al rayar el día,
La hermosa naturaleza.

Vedla rejuvenecerse,
Vedla rodar con el río,
Brillar pura en el rocío,
Con los árboles mecerse;

Arrastrada en el reptil,
Fiera y alzada en el bruto,
Dulce en el colgado fruto,
Risueña en la flor gentil.

¡Oh Dios! ...allá en mis niñeces,
Antes de brotarme el bozo,
¡Con qué sencillo alborozo
Vine a ver esto mil veces!

Ya una errante mariposa
Con su matiz me atraía;
Ya olvidado me ponía
A contemplar una rosa.

Siempre alegre, ya se ve:

Nunca entonces cavilaba,
Ni mis cejas arrugaba
Algún triste no sé qué.

Después, como entré en más años
Y como vi una hermosura,
Tuve por triste locura,
Ver Sol, montes y rebaños.

¡Qué ingrato fui! —Pero bien
Se vengó Naturaleza:
Aquella ingrata belleza
Olvidóme con desdén.

Vertí un mar de llanto: el alma
No se me hallaba sin ella...
Al fin una amiga estrella
Dolióse y me puso en calma.

¡Oh, qué dolor tan agudo
Es olvidar! ...Pero al cabo,
Rotos los grillos de esclavo
Curóme el médico mudo:

El tiempo, el tiempo veloz,
Que tiñe nuestras cabezas
De blanco, y tantas bellezas
Deja sin luz y sin voz.

De entonces acá me place
Ver la escena matutina
Segunda vez: —medicina

Celestial que me rehace...

Con todo, mis cicatrices
Se ensangrientan y suspiro
En donde quiera que miro
Dos amadores felices.

Y aun con menos ocasión:—
Si oigo el susurrar alterno
De dos palomas, en lo interno
Se me angustia el corazón.

Si en un ramo miro a solas
Dos aves cantar querellas,
Si relucir dos estrellas,
Si rodar dos mansas olas,

Si dos nubes enlazarse
Y por el éter perderse;
Si dos sendas una hacerse,
Si dos montes contemplarse;

Me paro, y con ansiedad
Recuerdo que a nadie adoro:
Miro tanto enlace y lloro
Mi continua soledad.

Invierno en Cuba

Benigno alumbra el Sol: suelto va el río:
No falta hoja ni rama al mango airoso
El verde de la mar es más hermoso
Y el azul de los cielos más sombrío.

El pie quiere bailar a su albedrío:
La mano quiere asir: todo es reposo.
La mente fresca: el corazón dichoso:
Tal es en Cuba la estación del frío.

Monta el guajiro en su retinto bravo,
Y alrededor de su potrero gira
Por solo andar, sin que se canse al cabo.

Brama el toro de amor y no de ira,
Silba y salta el zorzal, canta el esclavo,
¡Y nada apesadumbra y todo admira!

El poeta envilecido

Mientras en su copa de oro
Bebe injusto rico el lloro
    De la extorsión,
Dentro de una choza baja
Nace el poeta en la paja
    De un vil jergón.

El hambre y la sed a una
Llegan y agitan su cuna
    Sin descansar;
Y él, infante todavía,
Empieza la poesía,—
    Rompe a llorar.
Por más que su alma presuma,
Hácele tomar la pluma
    Necesidad.
Y en su mal nacida rima
La adulación se echa encima
    De la verdad.

¡Torpe!... que a su pensamiento
Siendo libre como el viento
    Por alto don,
Le corta el ala, le oculta,
¡Y en la cárcel le sepulta
    Del corazón!
Y ¿qué es mirar a este vate
Ser escabel del magnate
    Cuando el festín,

Cantar sin rubor ni seso,
Y disputar algún hueso
    Con el mastín?

Bien que en frente tan mezquina
Nunca aureola divina
    Resplandeció:
Ni inspiración alta y bella
Vino a posarse sobre ella,
    Ni la arrugó.
Ni es él aquél que se para
Cuando la Luna está clara
    Por ver el mar:
Ni es él aquél que confía
De una virgen que sonría,
    Ni sueña amar.

Ni cuando en ruinas se pierde,
Ve con gozo el musgo verde
    De un paredón:
Ni cuando los valles pisa,
Tiene con la dulce brisa
    Conversación.

Ni contempla, si anochece,
Que la ciudad se enmudece
    Y en pie rezó:
Ni tiene los ojos fijos
En la mendiga y sus hijos
    Cuando pasó.

Ni, si el déspota le oprime,

Oye el susurro sublime
    De libertad:
Ni con gritos tronadores
Cura la rica de errores
    Humanidad.

¡Infeliz! ¡como no ama,
Dura le será la cama
    Del ataúd!
Y su nombre irá al olvido,
Así como irá el sonido
    De su laúd.

El mendigo

La casa de baile muy bella lucía:
Todo era cortinas y luces y espejos,
Y damas vistosas entrando a porfía
Y música dulce sonando a lo lejos:

El vals bullicioso llevaba girando
Los talles gallardos de vírgenes mil;
Y la edad madura gozaba, mirando
Las frescas escenas de su antiguo abril.

La vista atractiva de un mundo risueño
Que se odia y halaga, se adora y detesta,
Qué irónico alaba y encubre su ceño,
Crujiendo pomposo sus ropas de fiesta.

La voz de la flauta poética, hermosa,
Y tantas beldades y alborozo tal,
Llevaron mi planta veloz como ansiosa
(¡Aún era yo joven!) al fúlgido umbral.

Alegres mancebos entraban conmigo
Cuando al ir entrando, tendida a nosotros
La pálida mano de anciano mendigo
Pidiónos limosna, negada por otros;

Pero aunque mil ayes el mísero exhala
Y en su faz el lloro del hambre se ve,
La turba de mozos lanzóse a la sala,
Y una carcajada su limosna fue.

Hecho ya al idioma cruel del agravio,
Me mira el anciano y ante mí se pone;
Mas yo, vergonzoso, con trémulo labio,—
Le di como todos mi estéril «perdone».—

Con la luz vecina de alegres arañas
Dos lágrimas nuevas le vi derramar;
Y al irse el mendigo, clavó en mis entrañas
El dardo profundo de un triste mirar.

Entré: la gran sala todo era hermosuras
Que en carros lucidos al baile llegaron,
Ya todas acaso sus mil desventuras
Contó el hombre pobre, mas todas pasaron.

Y ostentaban todas, que era fácil verlas,
Sus perlas, sus trajes, como hace una actriz,
Sin ver que brillaban sus nítidas perlas
Cual lágrimas tristes de un hombre infeliz.

Inmóvil en tanto, serio y pensativo,
Quedé a los umbrales de la alegre sala,
Temblándome el pecho, sin ver el motivo,
Como hombre que acaba de hacer cosa mala.

Si acaso pasaba riendo un amigo,
Creía escucharle que hablaba de mí.
«Ved: ése no tuvo qué darle al mendigo,
Y viene a reírse y a danzar aquí.»

Turbada mi mente de culpa tan grave,

Quise, oculto en sitio más solo y sombrío,
Que echase de mi alma la flauta suave
Las nieblas confusas de aquel desvarío;

Pero estando oyendo yo meditabundo,
Noté, dominado por fatal esplín,
Que el ¡ay! del mendigo sonaba profundo
Por entre las voces de flauta y violín.

Y aquel hombre triste se pintó en mi mente
Hasta que el cansancio disipó la fiesta:
Por calles torcidas, oscuras, sin gente,
Susurró en mi oído cláusula funesta:

Se grabó en mi espejo: se sentó en mi silla
De mi cabecera tomó posesión,
Y la mano negra de la pesadilla
La apoyó tres veces en mi corazón.

La fuga de la tórtola

Canción

¡Tórtola mía! Sin estar presa
Hecha a mi cama y hecha a mi mesa,
A un beso ahora y otro después,
¿Por qué te has ido? ¿Qué fuga es ésa,
Cimarronzuela de rojos pies?

¿Ver hojas verdes solo te incita?
¿El fresco arroyo tu pico invita?
¿Te llama el aire que susurró?
¡Ay de mi tórtola, mi tortolita,
Que al monte ha ido y allá quedo!

Oye mi ruego, que el miedo exhala.
¿De qué te sirve batir el ala,
Si te amenazan con muerte igual
La astuta liga, la ardiente bala,
Y el cauto jubo del manigual?

Pero ¡ay!, tu fuga ya me acredita
Que ansías ser libre, pasión bendita
Que aunque la lloro la apruebo yo
¡Ay de mi tórtola, mi tortolita,
Que al monte ha ido y allá quedó!

Si ya no vuelves, ¿a quién confío,
Mi amor oculto, mi desvarío,
Mis ilusiones que vierten miel,
Cuando me quede mirando al río,

Y a la alta Luna que brilla en él?

Inconsolable, triste y marchita,
Me iré muriendo, pues en mi cuita
Mi confidenta me abandonó.
¡Ay de mi tórtola, mi tortolita
Que al monte ha ido y allá quedó!

Vagos paseos

Noche de amor y fortuna,
Noche bella entre las bellas
Aquella en que sin estrellas
Brilla en el cielo la Luna.

Y en la celeste región
Blancas las nubes se mecen,
Que desde lejos parecen
Sueltos copos de algodón.

Entonces dulce es dejar
La comenzada novela,
Buscar la brisa que vuela,
Y por las calles vagar.

Mas vagar sin fin no debe
El que por gozar pasea:
Ir sin misteriosa idea
Como un hombre de la plebe,

Que con el fastidio esquivo
Se da siempre un encontrón,
No debe ser la intención
Del poeta discursivo.

¿Faltáranle al trovador
Una reflexión doliente,
Blandos suspiros de ausente,
Tiernas lágrimas de amor,

O la escena que algún día
Leyó en un cuento florido,
Que le deje sumergido
En dulce melancolía?

Y ¡qué bello será ver
En alguna casa aislada,
Junto a la lumbre sentada,
Una angélica mujer.

Que reflexiona de un modo
Tan noble como elegante,
Puesto un libro por delante
Y sobre la mesa el codo!

Ver la luz que alegre brilla
Esclareciendo de lado
El delicioso encarnado
De aquella fresca mejilla.

Ver aquel casto ademán
Que expresa, aunque con reposo,
Lo modesto y lo amoroso,
Lo amoroso y lo galán.

Ver la confiada fe
Con que siente lo que lee,
Porque la hermosa no cree
Que aquél que pasa la ve.

Ver aquel cuadro que arroba

Con objetos hechiceros:
Los dos sencillos floreros
En la mesa de caoba:

El espejo al clavo asido:
El mecedor barnizado,
Donde el faldero mimado
Se hace una rosca dormido:

La puerta del comedor
Que está anunciando al deseo
Un patio con mucho aseo
Y un jardín con mucha flor:

Todo exhalando alegría,
Todo limpieza y frescura,
Albergue de una hermosura
Ignorada todavía.

El nido vacío

Cancioncilla

¡Ay! Los mis lindos amores
Idos son, que yo los vi:
Quedóseme el nido aquí.

Con alma casta y gozosa
Cuidaba yo mis cariños,
Como cuida de sus niños
La bella y cándida esposa.

Mas ¡ay! mi ternura hermosa
Convirtióseme en dolores.—
¡Ay! Los mis lindos amores
Idos son, que yo los vi:
Quedóseme el nido aquí.

No sé yo qué cazador
Vibrando un dardo cruel
Hirió el mismo nido, y del
Hizo fugar tanto amor.
Pero ignorarlo es mejor
Para omitir sinsabores.—
¡Ay! Los mis lindos amores
Idos son, que los vi:
Quedóseme el nido aquí.

Desierto el nido ha quedado,
Y en él espero, a fe mía,
Que resucite otro día

Amor más afortunado.
Mientras, diré lastimado
A mis antiguos dolores:—
¡Ay! Los mis lindos amores
Idos son, que yo los vi:
Quedóseme el nido aquí.

El beso

De noche en fresco jardín
Sentado estaba a par de ella.
Yo joven: joven y bella
Mi serafín.

Hablábamos del negror
Del cielo, augusto y sin brillo,
Del regalado airecillo
Y del amor.

Hablábamos del lugar
En que primero nos vimos;
Y sin querer nos pusimos
A suspirar.

A suspirar y a sentir
Gozo al volver a juntarnos
A suspirar y a mirarnos,
Y a sonreír.

Porque amor casto entre dos
Es colmo de las venturas,
Y unirse dos almas puras
Es ver a Dios.

Una mano la pedí,
Porque en sus lánguidos ojos
Y en medio a sus labios rojos
Brillaba el sí.

Ella, al oírme, tembló,
Y en mi largo tiempo fijo
Su dulce mirar, me dijo
Tímida: «no».

Pero era un no cuyo son.
Pone al corazón risueño:
Un no celeste, halagüeño,
Sin negación.

Por eso yo la cogí
La mano, y con loco exceso
A imprimir sobre ella un beso
Me resolví.

Beso que en mi alma crié
En sueños de gloria y calma.
Y que por joya del alma
Siempre guardé.

Puro como el arrebol
Que orna una tarde de mayo
Y ardiente como es el rayo
Del mismo Sol.

Pero al besarla sentí
Mi labio sin movimiento,
Porque un negro pensamiento
Me asaltó allí.

¿Quién sabe si el vivo

De mi boca osada, ansiosa,
No iba a secar ya la rosa
De su pudor?

¿Quién sabe si tras mi fiel
Beso, otro labio vendría
Que ambicioso borraría
Las huellas dc él?

¿Quién sabe si iba el desliz
De mi labio torpe, insano,
A volver su mano, a mano
De meretriz?

Mano asquerosa, infernal
Para el alma del poeta:
Que sufre el beso y aprieta
El vil metal.

Así pensé... y fuime en paz,
Dejándola intacta y pura;
Y lágrima de dulzura
Bañó mi faz.

Su alma

Yo podré, cuando a mi anhelo
Noble inspiración socorra,
Hacer un verso que corra
Manso como un arroyuelo.
Puedo en él pintar un cielo
Azul, un lago tranquilo,
Una selva, fresco asilo
De pajarillos cantores,
Sembrando en todo las flores
Espléndidas del estilo.

Podré, con arte sutil,
Pintar en vago horizonte
Doble contorneado monte
Como un seno femenil:
Un alba dulce de abril
En que parezca brillar
El aire, una ronca mar
Que en corvas ondas se mece.
Y otras cosas que parece
Que no se pueden pintar.

Pero la cosa que ignoro
Poder pintar como es ella
Es el alma pura y bella
De la hermosura que adoro.
Como es tanto su decoro,
Su compasión, su ternura,
A veces se me figura

Que un ángel debe de ser
Que ha bajado a ser mujer
Por consolar mi amargura.

¡Oh mi amor! Deja a un artista
Que con el reflejo grave
De tu alma casta y suave
Su pobre cántico vista.
Deja que al mundo egoísta
Pinte con libre pincel
Tu alma candorosa y fiel:
Deja que cantando así
Él no se olvide de ti,
Ni yo me acuerde de él.

En otro tiempo, con frente
En que el pesar se grababa,
Yo por el mundo cruzaba
Transeúnte indiferente.
Un desengaño inclemente
Hirió como daga aguda
Mi alma indefensa y desnuda;
Y reprimiendo el dolor
Iba buscando el amor
Impelido por la duda.

Vi dulces y hermosos seres;
Y cuando con castos fines
Buscábalos serafines
Los encontraba mujeres.
Solo hallé sed de placeres
Vanidad, ternura incasta;

Nada del amor que gasta
El corazón en que nace,
Que en sí mismo se complace
Y que a sí mismo se basta.

Y cuando el alma burlada
Dijo, con honda amargura
Al amor: —tú eres locura,
Y a la ilusión: —tú eres nada;
Llegaste tú, mi adorada,
Y cerrando al fin mi herida
Te dije, dando salida
Al desengaño pasado:—
¡Tú eres mi amor ignorado!
¡Tú eres mi ilusión perdida!

Desde entonces, prenda mía,
La fe que me abandonaba,
Como fugitiva esclava
Al pensamiento volvía:
Desde aquel próspero día,
Muerta mi antigua tristeza,
Pedí amor, pedí belleza
A Dios, poeta grandioso,
En ese poema hermoso
Que llaman naturaleza.

Y vi que el alma sañuda
Que asida de su dolor
Deja el jardín del amor
Por el yermo de la duda.
Es sobremanera ruda;

Por donde se puede ver
Que siempre hay en la mujer
Algo puro de los cielos:
Que son hermanos gemelos
Sentir, amar y creer.

¡Oh! cuando mi vista vaga
Por todo el cuerpo social,
Y encuentro en él, por mi mal,
Alguna asquerosa llaga:
Cuando no hay quien me deshaga
Ni me arranque aquel pesar
De ver la llaga durar,
Mancha negra en lino fino,
Que primero rasga el lino
Que se consiga lavar;

Y lanzándome el dolor
De uno en otro devaneo,
En mis adentros no creo
Sino solo lo peor:
¿Quién en mi negro interior
Vierte luz consoladora,
Sino tú, mi dulce aurora?
¿Quién me enseña que es felice
Más que el rencor que maldice
La resignación que llora?

Pero es menester oír
Su voz, angélico ser,
Con tan dulce reprender
Que parece sonreír.

Es necesario sentir,
¡Oh hermosa como ninguna!
Cuanta languidez reúna
Tu mirar puro y sencillo,
En donde hay algo del brillo
Misterioso de la Luna.

¡Ay! En aquellos momentos
En que conversando a solas
Nos van llevando las olas
De los vagos pensamientos.
Colmado de sentimientos
Pedí a Dios, meditabundo,
Que me llevase a otro mundo
Más venturoso y mejor,
En donde fuese el amor
Más cándido y más profundo.

Mas ya que vivir en éste
Me impone Dios, le bendigo,
Porque al fin vivir contigo
Ha sido bondad celeste.
¿Qué me importa que denueste
Mi ideal filosofía
Una mordaz ironía,
Si hallo, contra este rigor,
Mi gloria que es hoy tu amor
Tu amor, que es mi poesía?

Verdad es que a veces pienso
(¡Y ésta es mi angustia mayor!)
Que aunque te debo un amor

Siempre firme y siempre inmenso,
No juzgarás tan intenso
El mío, y que de esto infieres.
Que somos ingratos seres,
Si es así como nos nombres,
Nosotros los tristes hombres
Con vosotras las mujeres.

Pero esto nace, bien mío,
No de que es mi amor menor,
Que mudo es profundo amor
Cual mudo es profundo un río;
Nace de que mi albedrío
Teme entrar en la mar honda
De amor, y que ella me esconda
Tanto, que nauta inexperto,
Me encuentre lejos del puerto
Sin vela, timón ni sonda.

Porque ese amor, frenesí
Que las entrañas devora,
Hoguera atormentadora
Que rompe fuera de sí,
No es amor digno de ti,
Ni digno de mi laúd;
Sino el que es placer, salud,
Paz, esperanza, consuelo,
Apacible como el cielo,
Dulce como la virtud.

Amor que no arruga cejas
Ni deja crecer desvelos,

Sembrado de bellos celos
Y de enamoradas quejas.
Rico de memorias viejas,
Que las guarda una por una:
Que ríe al ver una cuna,
Que al ver una tumba llora,
Adorador de la aurora,
Bendecidor de la Luna.

Que encuentra más poesía,
Más placer y más beldad
Al campo que a la ciudad,
Y a la tiniebla que al día.
Que ama la melancolía
Sin ir tras la soledad:
Que estima la sociedad
Detestando su egoísmo:
Que va tras del heroísmo
Y no tras la vanidad.

Amor que va a la conquista
De lo grande y verdadero,
Torciendo el rostro al dinero
Y volviéndolo al artista:
Que ve en el mundo una lista
De goces castos y buenos
Que de vil codicia llenos
Los más se dejan atrás;
Y en vano buscan los más
El bien que gozan los menos.

Este misterioso amor,

Todo dulzura y paciencia,
Que es hijo de la inocencia,
Y es hermano del pudor,
El mundo escarnecedor.
Sueño, mi bien, lo apellida,
Lo mofa y lo dilapida;
Pero bien sabes, mi encanto,
Que más vale el lloro santo
Que la risa descreída.

Quien busca amor y belleza
No hay que la aflija ni asombre,
Pues cuando le cansa el hombre
Halla la naturaleza
El que con bestial pereza
Levanta un ara dorada
A su codicia malvada,
¿Qué espera del egoísmo?
Tras el fastidio, el abismo
De la inexplicable nada.

De codos en el puente

Le poète en des jours impies
Vient préparer des jours meilleurs,
Il est l'homme des utopies:
Les pieds ici, les yeux aillieurs.
Victor Hugo, *Les Rayons et les ombres.*

San Juan murmurante, que corres ligero
Llevando tus ondas en grato vaivén,
Tus ondas de plata que bate y sacude
Moviendo sus remos con gran rapidez,
(Monstruoso cetáceo que nada a flor de agua)
La lancha atestada de pipas de miel:
San Juan, ¡cuántas veces parado en tu puente
Al rayo de Luna que empieza a nacer,
Y al soplo amoroso de brisas fugaces
Frescura he pedido, que halague mi sien!

Entonces un aura, la más apacible
Que en ondas marinas se sabe mecer,
Que empapa sus alas en ámbar suave,
Ya aquel que la implora le besa fiel,
Haciendo en las olas que mansas voltean,
Un pliegue de espuma, deshecho después,
Llegaba a mis voces, cercábame en torno,
Bañando mi frente de calma y placer:
Y yo silencioso y a par sonriendo,
A Dios daba gracias del hálito aquel,
Del beso del aura que casi es tan dulce
Como es el de amores que da una mujer.

Mas siempre que pongo, San Juan murmurante,
El codo en el puente, la mano en la sien,
Y siempre que miro los rayos de Luna
Que van con tus ondas jugando tal vez,
Cavilo qué fuiste, cavilo lo que eres:
Y allá en las edades que están por nacer,
Medito si acaso serás este río
Que surca la industria con tanto batel,
O acaso un arroyo sin nombre, sin linfa,
Que al pie de un peñasco, sin ser menester,
Estéril filtrando, te juzgue el que pase
Vil hijo de un monte sin nombre también.
Que al paso que llevan los varios sucesos
Que nunca atrás vuelven el rápido pie,
No extrañan los ojos ver llanos mañana
Los cerros cargados de quintas ayer.

Asáltame a veces algún pensamiento
Que el seno me oprime, y el débil poder
Del ánimo triste, ni basta a templarle,
Ni estorba tampoco que hiera cruel.—
Amante ardoroso del arte divino
Que esparce los rayos del claro saber,
Sectario constante de todas ideas
Que al lento progreso le suelten el pie,
Desnudo de fuerza, privado de apoyo,
Engasto en la rima, que sabe correr,
Los gritos, los ecos de hermosa cultura
Que atajen los males y tiendan al bien.
Mas ¡ay! ¡manso río! que van mis canciones
Como esas tus ondas, en dulce lamer

Las unas tras otras tus márgenes corren,

Y allá en la bahía se pierden después.
Y no me conceden los mudos destinos
La gloria profunda y el hondo placer
De verte ¡oh Matanzas! ciudad adorada
Que en dobles corrientes el rostro te ves,
Colmada de fuerzas, colmada de industria,
Feliz acogiendo sin agrio desdén
Las artes hermosas que vagas mendigan,
Y al vicio dedican su triste niñez.

Con todo, yo espero (porque es la esperanza
La amiga que el vate no puede perder)
Que vean mis ojos un alba siquiera,
Si un Sol de cultura mis ojos no ven.
Si no, ¿de qué sirven, San Juan apacible,
Tus aguas que brillan en manso correr,
Tus botes pintados de rojo y de negro
Que atracan airosos a tanto almacén,
Y el canto compuesto de duros sonidos
De esclavos lancheros que bogan en pie,
Y alzando y bajando las palas enormes
Dividen y azotan tus ondas de muer?

La muchacha bailadora

Modera un poco el trajín
Con que al baile corres, Paula:
El ligero tomeguín
Fue libre y ya vive en jaula.

Por tu talle y por tu aseo
Y tus frases de melcocha,
Eres, Paulita, en la Mocha
La reina del zapateo.
Ninguna muchacha veo
Por este verde confín,
Que de tu pie bailarín
No envidie el gracioso encanto;
Pero al fin de bailar tanto
Modera un poco el trajín.

Apenas brilla el lucero,
Astro risueño de prima,
Te vas al baile, que anima
Algún poeta tiplero.
Allí luces el dinero
Que en vano tu padre embaula,
Y que sabes, linda maula,
Gastar, saqueando el baúl,
En ese túnico azul
Con que al baile corres, Paula.

Nadie te ve ningún día
Dedicarte a la costura,

Atenta a tu compostura
Y a tu figurinería.
Como la rápida jutía
Brinca entre matas de güin,
Bailas y gozas sin fin;
Pero haces muy mal a fe:—
Ejemplo, Paula, te dé
El ligero tomeguín.

Huyendo de ser esclavo
Revoloteó con donaire,
Dueño del bosque y del aire,
Desde el limón al guayabo.
Pero un pajarero bravo
Lo supo jugar la maula,
Prendiéndolo, hermosa Paula,
Con la enligada vareta;
Y la avecilla indiscreta
Fue libre y ya vive en jaula.

La caza y la sorpresa

Salí a coger un zorzal
Cierta mañanita a pie;
Pero ¡qué cosa encontré
Dentro de un cañaveral!

Allí donde está aquel buey
De negro y rojo manchado,
Con tanta pereza echado
A la sombra de un jagüey,
Sobre el cual tiende sin ley
Su cabello vegetal.
Un bejuco desigual,
Hay un trillito... y por él
Un día, sin ser cruel,
Salí a coger un zorzal.

Éste, por costumbre antigua,
En todas las estaciones,
Tras de saquear mis limones
Se escondía en la manigua.
Y como más que una nigua,
Me duele y me ofende, a fe,
Que apenas en flor esté
Piqué el *zorzal* el limón,
Salí a cazar al ladrón
Cierta mañanita a pie.

Puse liga de camino
A una vareta ligera:

El ave emprendió carrera
A un cañaveral vecino.
Yo, que no tengo mal tino,
De la liga me cansé,
Con un guijarro me armé
Y corro al cañaveral:
Busco y no encuentro al zorzal;
Pero ¡qué cosa encontré!

Vi una hermosura campestre
Fresca como la mañana,
Cuya cara soberana
No era de mujer terrestre.
Dejé mi caza pedestre,
Volé a aquel ángel mortal;
Pero huyó entre el manigual—
Como corre y se extravía
Y se escabulle una jutía
Dentro de un cañaveral.

Amor y esperanza

Si pagas mi amor, bien mío,
Manda con dominio entero
En el alma de un montero,
Y sé reina en mi bohío.

El *tomeguín* volador
Busca la flor del granado,
Y en el punto que la ha hallado
Silba y vuela alrededor.
Tal te busca con ardor
Mi enamorado albedrío;
Y aunque lloro tu desvío
Más que si comiese ají,
Oye lo que haré por ti
Si pagas mi amor, bien mío.

¿No ves sobre aquellas lomas
Una casita, no fea,
Sobre la cual aletea
Una nube de palomas?
Si a su comedor te asomas,
Verás un vasto *potrero*
Donde siembro lo que quiero,
El cual te lo ofrezco yo:
Que en mí la que me prendó
Manda con dominio entero.

Todo aquel paño de tierra
Lo he de alfombrar de maíz,

Si el año sale feliz
Y agosto no me hace guerra.
¡Ojalá, flor de esta tierra,
Que de este cielo hechicero
Descienda tanto aguacero
Sobre todas mis labranzas,
Como hay amor y esperanzas
En el alma de un montero!

Si la seca y tu desdén
Se ausentan, como yo espero,
¡Qué bien irá mi potrero
Y mi corazón también!
¿Qué rey tendrá tanto bien
Con todo su poderío?
Haz tu reino el sitio mío,
Tus vasallos yo y mis bueyes;
Dame en tus gustos mis leyes
Y sé reina en mi bohío.

La ilusión

Cuando la mano del benigno sueño
Mis ojos cierra y mi velar halaga,
En torno de mi lecho vuela y vaga
Fantasma bello de mirar risueño.

Ora alegre me mira, ora con ceño;
Pero ceño gentil de hermosa maga:
Ora ¡bálsamo dulce a mi alma aciaga!
Vierte en mi labio un ósculo halagüeño.

Y ya con lengua angélica me dice
Palabras como música, o me abriga
Bajo sus grandes transparentes alas.

¿Quién eres pues, espíritu felice?
¿Naciste en este mundo de fatiga,
O pisas ángel las celestes salas?

El mar

¡Oh qué bello es el mar cuando en oriente
Su mansa ondulación el Sol platea!...
El delicioso azul que le hermosea
No se puede pintar, solo siente.

¿Y qué diré, cuando el planeta ardiente,
Tendido en el ocaso, centellea?
Parece que suspira y clamorea
Porque el astro gentil no se le ausente.

Y si después al ascender la Luna
Lo vemos, ¿quién traducirá el acento
Con que nos habla el mar?... No hay voz alguna.

¿Quién pintará el augusto movimiento
Con que agita las orlas una a una
Del manto deslumbrante y opulento?

El sinsonte y el tocoloro

Entre las aves del monte,
Ídolo que ardiente adoro,
Brilla más el tocoloro,
Canta mejor el sinsonte.

Los monteros te adoramos,
Linda flor de Canasí,
Dos esperamos tu sí,
Y esperándolo penamos.
Mientras el sí no gozamos
Que hasta el cielo nos remonte,
A escuchar, mi amor, disponte
La idea que concebí
De mi rival y de mí
Entre las aves del monte.

Una tarde en mi rosillo,
Que mi tristeza remeda,
Me entré por una arboleda,
Donde perdióseme el trillo.
En un alto caimitillo
Vi que cantaban a coro
Un sinsonte, un tocoloro—
Y en mi rival cavilé,
Y de este modo exclamé,
Ídolo que ardiente adoro.

«Aunque la gracia me sobre
Y aunque no tengo mal pico,

Él es tocoloro rico
Y yo soy sinsonte pobre.
¿Quién hay que paciencia cobre,
Muerto de amor, y sin oro?
¿Quién no se deshace en lloro
Al ver, al considerar,
Que aunque no sabe cantar
Brilla más el tocoloro?»

«Mas yo espero, linda flor,
Linda flor de Canasí,
Que tú buscarás en mí
No dinero, sino amor.
Mi esperanza no es error,
Y aunque el tocoloro apronte
Su pluma, que alegra el monte,
Tendrás su canto por ronco,
Pues siempre en cualquiera tronco
Canta mejor el sinsonte.»

Amor que aguarda

Por más que el suelo pateo
Y por más que yo suspiro,
Tus bellos ojos no miro,
Tormento de mi deseo.

Al pie de estos naranjales,
Cuya espesura me ampara,
Estoy viendo, hermosa cara,
Si te asomas o si sales.
Dando suspiros mortales
Al potro retinto veo,
Pues corrió, como el deseo,
Seis leguas para mirarte;
Y aun no quieres asomarte
Por más que el suelo pateo.

Mi cabello se espeluza
Mientras que no vienes tú,
De oír cantar el sijú
Y responder la lechuza.
Ni el cocuyo el aire cruza
Con resplandeciente giro,
Ni más que la noche miro;
A la cual te pido en vano,
Por más que alargo la mano
Y por más que yo suspiro.

Mas no me iré, dueño mío,
Ni es bien que este medio elija,

Mientras brille una rendija
En tu cerrado bohío.
Y bajo el cielo sombrío
Enlazaré mi suspiro
Con el silbido que admiro
De un grillo lamentador,
Mientras bañados de amor
Sus bellos ojos no miro.

Pero en mi frente, que ufana
Soñaba un bien celestial,
Ha puesto un beso el terral,
Precursor de la mañana.
El oriente es nieve y grana,
Y a su lumbre fuera feo
Proseguir mi galanteo...
¡Adiós!... —¡mas triste de mí!
Que no logré verte a ti,
¡Tormento de mi deseo!

La niña sola

Sola soy, sola nací,
Sola me parió mi madre.
Sola me tengo de andar
Como la pluma en el aire.

¡Ay que el hombre que me abrasa
Me supo dejar aprisa,
Como la vagante brisa
Cuando suspirando pasa.
Perdí mi honor y mi casa
Cuando sus pasos seguí:
Dulce su pasión creí
Como el zumo de la piña;
Sin ver que yo, ¡pobre niña!
¡Sola soy, sola nací!

¡Ay! ¡qué destino es el mío!
Sola estoy en mi horizonte
Como la palma en el monte,
Como la peña en el río.
No tengo hermano ni tío:
Nunca conocí a mi padre;
Y porque nada me cuadre,
Con un temporal deshecho,
En una choza sin techo
Sola me parió mi madre.

¡Qué dolor me despedaza,
Cuando, si errante paseo,

El verde bejuco veo
Que con las cercas se abraza!
Todo se estrecha y se enlaza,
Todo en Cuba sabe amar:
Y yo, ¡pena singular!
Joven, y al cariño muda,
Como tojosita viuda
¡Sola me tengo de andar!

Llorar sé desde la cuna,
Al resplandor que me asiste
De esa lámpara del triste,
De esa solitaria Luna.
Y al paso que mi fortuna
En nada encuentra donaire,
Y todo lo ve desaire,
Todo esperanzas disueltas,
Tengo que andar dando vueltas
Como la pluma en el aire.

Adiós al tiple

Tiplecito desdichado,
Aquí te abandono yo:
Una cuerda te ha quedado...
¡Adiós, compañero, adiós!

Ahora que la tarde es bella,
Y entre celajes unidos
Como diamantes perdidos
Brillan una y otra estrella,—
Y el ternero el campo huella
Por correr, de sed cansado,
Al babiney plateado
Donde la Luna se ve,
De este árbol te colgaré,
¡Tiplecito desdichado!

¡Qué diferente te veo
De cuando, en noches de frío,
Sonabas en mi bohío
Con el «ay del zapateo»!
Roto estás, manchado y feo,
Y tu gloria se eclipsó:
Tu reinado se acabó,
Joya de cuarenta ferias;
Y pues retratas miserias,
Aquí te abandono yo.

Pero no te olvidaré,
Como no puedo olvidar

Ni el día en que supe amar,
Ni la leche que mamé.
Ya templarte no podré,
Aunque me sienta inspirado,
Testigo desventurado
De mis dichas y mis bodas,
Porque de tus cuerdas todas
¡Una cuerda te ha quedado!

Si mis desgracias prolijas
Se separan de mi lado,.
Te compondré, tiple amado,
Porque mi dolor corrijas.
Yo apretaré tus clavijas,
Cuerdas te pondré otras dos,
Y daré gracias a Dios
Que me vuelva la alegría;
Pero hasta ese bello día,
¡Adiós, compañero, adiós!

La tarde

Ven, oh cándida Tarde: en el zafiro
Inmensurable y nítido del cielo,
Tiende en alas levísimas el giro
Del almo y blando y delicioso vuelo.
Yo por tu lumbre mágica suspiro;
Por tu céfiro dulce, y por el velo
De púrpura gentil que lindamente
Engalanando quedará tu frente.

Ven, que alegre mi espíritu te implora,
Hija apacible y lánguida del día,
Con más ardor que a la benigna Aurora
Aunque con labio fúlgido sonría.
El virgíneo carmín que la colora,
La mansa luz que en su mirada envía,
Si el alma agradecida lo examina
¿qué son con tu beldad, Tarde divina?

Reinas en el Olimpo; y bondadosa
(¡Tanta beneficencia en ti se anida!)
Mandas venir la calma silenciosa
Sobre la tierra exánime y rendida.
El noble agricultor que ya reposa
Al fresco umbral de su mansión querida,
Abre al soplo dulcísimo y sereno
De leve brisa el regalado seno.

Mas, ¿qué hermoso espectáculo me llama,
Mi vista embarga y mi atención cautiva?

Ved cómo Febo moribundo inflama
El esplendente ocaso en grana viva,
Cuan noble rey que al fenecer derrama
Dones de amor a su nación activa;
Y escondiendo su luz, ¡adiós! nos dice,
¡mundo, que anima mi esplendor felice!

Él, oh Diosa gentil, él hermosea
Con su lumbrera trémula y sublime
Tu faz: permite que el mortal le vea,
Y a su lucir suavísimo se anime.
En el cristal dibújase que ondea:
En la alta copa con amor se imprime
De palma lozanísima; y con oro
En Sirio aumenta el inmortal decoro.

¡Oh del vivir raudísimo que gozo
Cuánto y cuánto momento ha fenecido
Sin ver este placer, este alborozo
En que hoy se anega el corazón rendido!
Apenas ¡ay! con el ardiente bozo
Me ornó la juventud, cuando embebido,
Potente Amor, en tu feliz blandura,
Vi la lumbre de Apolo sin ternura.

Pendiente de un mirar, de una sonrisa,
Encantado en el ámbar de un suspiro,
No imaginaba, ¡oh Tarde!, que en tu brisa
La magia respirara que respiro,
Perdón, mágica Diosa: ya divisa
Mi espíritu mi error: ya cuando miro
Tu faz, envuelta en infalible encanto,

Me asalta dulce y delicioso el llanto.

¡Oh quién pudiera en el pincel febeo
Verter tu lumbre halagadora y pía,
Con que por darme celestial recreo
Embellece su faz Melancolía!
¡Oh si el enamorado devaneo
Que envuelve el alma embebecida mía,
Con la blandura que en mi mente impera
Sonar también en mi laúd pudiera!

¡Ay! ¡divinos así y encantadores,
Ricos de suavidad única y sola,
Me inundaron de amor los vencedores
Ojos que ostenta mi adorada Lola!
El aura embalsamada que a estas flores
Besa, al volar, la tímida corola
Es su aliento gentil: su blando acento
Aquel raudal que me enamora lento.

Epístola a Ignacio Rodríguez Galván

Vate del Anahuac, pues con tu lloro
Quisiste honrar mi desmayado drama,
Esa es la hoja mejor del lauro de oro
Que codicioso demandé a la fama.

El bello corazón de la cubana
Pinté no más, si reparar quisiste,
En aquella hermosura sevillana,
Hija infeliz de mis ensueños tristes.

Tiernas son nuestras bellas, y este clima
Les da un hablar simpático y suave,
Que fácil entra en la española rima
Y al corazón introducirse sabe.

Donde deja marcada su sandalia
La vil esclavitud, mandan las bellas
Con ternura mayor. Así es la Italia
Con su cielo riquísimo de estrellas.

La causa debe ser, —y así rediment
La vejación con que las tristes andan—
Que donde más las hermosuras gimen
Es donde más las hermosuras mandan.

¡Oh! yo las amo. Y si la lira mía
Su posición amarga suavizara
Amor y solo amor resonaría
Mientras el corazón me palpitara.

Mas ¿qué es la voz de un vate, eco perdido
De un ave triste en tempestad horrenda?
Pula el que manda al pueblo embrutecido
Y plantará la ilustración su tienda.

Pero no buscaré, como tú dices,
Playa mejor en donde el libro goza,
Y entre sus hijas nobles y felices
La santa independencia se alboroza.

Que aunque supe adorar por dicha mía,
La libertad augusta, pequeñuelo,
Y siempre detesté la tiranía
Como amo al Sol, como bendigo al cielo:

Aunque abomino al mandarín malvado
Que a remachar mis grillos coadyuva,
Nunca comiendo el pan del emigrado
Pensé cumplir con mi adorada Cuba.

Hijo de Cuba soy: a ella me liga
Un destino potente, incontrastable:
Con ella voy: forzoso es que la siga
Por una senda horrible o agradable.

Con ella voy sin rémora ni traba,
Ya muerda el yugo o la venganza vibre.
Con ella iré mientras la llore esclava,
Con ella iré cuando la cante libre.

Buscando el puerto en noche procelosa,

Puedo morir en la difícil vía;
Mas siempre voy contigo ¡oh Cuba hermosa!
Y apoyado al timón espero el día.

El indio enamorado

¿Piensas en mi rival, Aloide mía?
Antes escucha. Entre la calma etérea
Ya con ala temblante en danza aérea
Gustó el colibrí el pétalo de un día.

¿No es hora ya de amor? La ancha bahía
Con su móvil cendal de tinte acérea
Brinda a nuestra gimnástica funérea
La orla blanda y fugaz de su onda fría.

Antes que con él nade en giro ardiente,
Ni el primer emplumar del tocoloro
En el areito adornará mi frente.

Ni garza cazaré, ni alción canoro:
Ni adoraré tras el palmar durmiente
La amiga luz de tus chagualas de oro.

El negro alzado

Leyenda

A la puerta del bohío
Sentado está el mayoral:
Gotas de sudor le corren
Por la patilluda faz:
Yace su sombrero en tierra,
Y en su gruesa mano está
Grueso manatí, adornado
Con un puño de metal.
Su hija mayor con un peine
Negro, alisándose va
Aquella gran cabellera,
Cuyo dueño original
Nunca sufrió a la tijera
Que la entrase a desmontar.
Su mujer a cuatro pasos
Tuerce y lava sin cesar
En una enorme batea
El vestido marital.
Dos chiquillos cerca de ella
Con un negrito bozal,
Todos tres desnudos, juegan,
Retozan, gritan, se dan;
Y cada vez que el negrito
Amenaza a algún rapaz,
El gran manatí del padre
Que los mira retozar,
Levanta en su tierna espalda
Doloroso cardenal.

La peinadora y los chicos
Y la que atiende a lavar,
Oyendo el agudo grito
Que huyendo el negrito da,
Muertos de risa, le llaman
Para que vuelva a jugar.
El mayoral se sonríe
Y grita: «Perro, anda a acá,
Entretén mis hijos», y alza
El instrumento fatal:
A cuya vista, temblando
Vuelve a sus pies el bozal
Entre dolientes sollozos
Que tiene que refrenar,
Y vertiendo de ambos ojos
Lágrimas que risa dan.
«Este perro, —gruñe entonces
Sentándose el mayoral,—
Bien se conoce que es hijo
De aquel bribón de Julián
Que anda alzado hace ocho días.
Desde bien temprano está
Silverio con mis tres perros,
En aquel cañaveral
Del vecino, registrando
Todo, para ver si da
Con él.» «—Pues qué, —dice Quilla,
La esposa del mayoral,—
¿con tres pelas que ya lleva
No acaba de escarmentar?»
«—Nada: los cujes de yaya
Que destrocé sin parar

La vez pasada en sus carnes,
No me puedo acordar ya
Cuántos fueron; pero apenas
Se pudo el perro parar,
Cuando volvió al monte en busca
De su mujer Soledad;
Porque también la bribona,
Que es de estotro cafetal,
Anda alzada, y su marido,
En viéndome descuidar,
Se junta con ella.» «—Y dime:
Si ves que siempre se va,
¿por qué no haces que con roscas
Vaya al campo a trabajar?»
«—Yo te diré. Aunque se ha huido
Tres veces éste Julián,
Como es un negro de aguante
Y muy callado además,
Tuve escrúpulo al principio,
(Y fue una bestialidad
El escrúpulo) de darle,
Por el motivo no más
De que le llamaba al monte
El amor de Soledad.»
«—Fue una grande caballada.
Es un esclavo no hay
Amor que valga: que sude
Trabajando sin cesar,
Porque para amar a nadie
No puede tener lugar.»
«—Por supuesto. ¿Quién le manda
Que nazca esclavo y bozal?»

Y esto diciendo, se para,
Y haciendo, en pronto ademán,
Con el manatí en el aire
Una cruz descomunal,
Grita así: «—Por esta cruz
Santísima, que a Julián,
Si hoy no lo coge Silverio,
Aunque venga Dios de allá
Del cielo, y por él me pida,
Le tengo de ver pelar
Con el mayor boca-abajo
Que se dio ni se dará.»
Sus ojos, al decir esto,
Llenos de ferocidad,
En sus órbitas saltaban:
Oíanse rechinar
Sus dientes: su pie pateaba:
Contemplábase brillar
Hinchadas sus venas, y era
Una expresión infernal
De ira y alegre soberbia
La que ostentaba su faz,
Tal como el buitre cubano
Que baja raudo y voraz
Al ver el reptil que brilla
Removiendo el muladar.

Después del festín

Dormir es vuestra suerte: dormid, pobres ancianos
Que ya el festín dejasteis, y al transponer sus puertas
Rendís la frente triste, dobláis las manos yertas:
¡Inútiles cabezas, privadas de las manos!
Y pues que vuestros labios, tan torpes como vanos,
Predican los consejos de la indolencia inerte,
Pues sois veletas mudas que quiebra el soplo fuerte,
El soplo irresistible de la constante brisa,
No queráis en los lechos servir de escarnio y risa:
Dormid, pobres ancianos: dormir es vuestra suerte.
Dormir es vuestra estrella: dormid, fuertes varones
Que ya el festín os cansa y el vino os entorpece,
Y hasta os fastidia el juego que el ánimo envilece,
Y engendra en vuestros pechos cobardes corazones.
Dormid, que el sueño os guardan los pálidos sayones,
Dormid, ingratos hijos de madre que es tan bella,
Y pues en vuestras frases no habrá palabra de ella
Ni voz que santifique su religión suprema,
Mientras ese palacio de súbito se os quema,
Dormid, fuertes varones: dormir es vuestra estrella.
Dormir es vuestro lote: dormid, niños hermosos,
Prole de torpes padres y espléndidos abuelos;
Que al empezar la vida no halláis claros los cielos,
Antes los veis cargados de signos borrascosos,

Y pues cantar amantes ni reposar esposos
Podéis mientras la esfera se nuble y se encapote,
Al son del ronco trueno que zumbe y alborote,
Y al resplandor del rayo que os ha de hender el techo,
Inermes y arrullados en vuestro frágil lecho,
Dormid niños hermosos: dormir es vuestro lote.
Dormid también; doncellas, que caviláis amores;
Dormid trémulas siempre, y acobardadas madres,
Que ya vuestros esposos distintos de sus padres,
Se alegran de ser flojos para esquivar temores.
Verted copas de vino; yaced entre las flores,
Y pues que ya apurasteis las lúbricas piruetas,
Encomendad al ocio las ánimas inquietas,
Que mientras os envuelva la silenciosa calma,
Con desvelados ojos, intérpretes del alma,
Os guardarán el suelos fúnebres poetas.

La bella lectora

En noche lloviznosa
Me place, Micaela
Discreta como hermosa,
Verte junto a la vela
Leer con voz sonora
Casta y pura novela.
Tu voz encantadora
Hace vivo y palpable
Cuanto el libro atesora;
Y en magia inexplicable
Tú o el autor se ignora
Quién luzca más amable.
Y mientras la ventana
Forma, al cruzar la brisa,
Un son de queja vana;
Y trémula, indecisa,
La luz juega y ondea
Dentro la guardabrisa,
En corro te rodea
Tu familia amorosa,
Y en descubrir se emplea
Con atención ansiosa
El fin que se clarea,
De la novela hermosa.
Yo, que a dicha consigo
En reunión tan bella
El título de amigo,
Y siento en mí la huella
De tu expresión potente,

Gozándome con ella
Contemplo alegremente
Que sobre tu cabello,
Tus labios y tu frente
Derrama su destello
La vela, y juntamente
El claroscuro bello.
Y si el dolor te doma,
¡Oh, cómo a tu mejilla
La lágrima se asoma!
Y si en acción sencilla
Va a empujarla tu dedo,
Más al borrarse brilla,
¡oh! ¡hermosa! No hayas miedo
Que descomponga el llanto
Que se resbala quedo,
Tu faz, toda de encanto;
Que así llamarte puedo
Un ángel puro y santo.
Ángel de faz risueña,
Como el pintor lo busca
Y el trovador lo sueña.
Nada en tu rostro ofusca:
Todo es contorno hermoso,
Y nada en forma brusca.
¡Oh! dale algún reposo
Al corazón que halaga
Tu acento poderoso,
Porque mi mente vaga
Lo juzga el son meloso
De una invisible maga.
Si en triste peripecia

El libro al fin termina,
(Que el siglo las aprecia)
Y tu expresión divina
Pinta el ¡ay! con que muere
La cándida heroína,
Tanto su voz nos hiere,
Que en interior destrozo
No hay faz que no se altere;
Y es, ¡oh artístico gozo!
Por más que hablarte quiere,
Cada labio un sollozo.
Vanse en tanto las horas
Y combatiendo el techo
Las gotas crujidoras,
Parece el son deshecho
De la brisa estrellada
Que gime con despecho,
La lánguida tonada
De mística elegía
Con gritos salpicada,
Que en tu loor envía
La garganta sagrada
De la noche sombría!

El alba y la tarde

Y en los bellos cafetales
Todo es frescura y olores,
Besadas sus blancas flores
Por las brisas tropicales.
J. Padrines, *Recuerdo*.

Cuando la aurora tiñe de rosa
El cielo, y de oro las blancas nubes,
Cuando en la copa del caimitillo,
Canta el pitirre la nueva lumbre,
Cuando alza el velo de vagas nieblas
La parda noche que lejos huye,
Es dulce cosa salir al campo
Donde rociada la yerba luce,
Y al terralillo de la mañana
Tan deliciosa como salubre,
Sentir oreado la sien ardiente
Si largas velas de noche sufre.
Las cañas-bravas me ofrecen luego
Su embovedada verde techumbre
Que en arco ojivo me está brindando
Brisas suaves y sombras dulces.
Tú, que tuviste la buena idea
De que estas cañas que al viento crujen,
En los ardores del seco agosto
Del Sol amparen al transeúnte
Aunque no lleves, colono amable,
En letras y armas un nombre ilustre,
Aunque no entiendas lo que es la fama,

Ni el gusto sepas ni lo procures
De que en los corros del vulgo ciego
Tu casto nombre jamás retumbe,
Digna es tu casa que la señalen,
Digna tu frente que la saluden,
Dignos tus hechos que los publiquen
Y tus palabras que las escuchen.
Mas no, mal digo, —de nada sirve
Que te conozca la muchedumbre,
Ni que el poeta con rima de oro
Vista y proclame tantas virtudes,
Más en tu elogio dice el silencio
De estos umbrosos y altos bambúes;
Y a ti te basta, cuando paseas
Por esta calle sin inquietudes,
Ese sonido tan misterioso,
Ese quejido tan hondo y dulce
Que entre las hojas secas y largas
Forma la tenue brisa de octubre:
Canto apacible que te regala
Naturaleza, porque eres útil:
Eco amoroso del Dios que adoras
Que te adormezca cuando susurre.
Pero bajemos al verde valle
Que al pie del monte se extiende inmune.
¡Qué inspiraciones tan apacibles
En mí su vista feliz produce!
¡Auras cargadas de fresco aroma
Que vuestras alas tendéis volubles
Por las llanadas llenas de flores
Y por los lagos tersos y azules,
Las que a la aurora partís ligeras

En tropa alegre que trisca y bulle,
Y por las tardes tenues y flojas,
Lentas y tristes dejáis las cumbres,
Y desmayadas venís al suelo
Dando suspiros entre dos luces,
Venid, y henchidas de mil recuerdos,
Y de ilusiones y de perfumes,
A mis niñeces volvedme gratas,
Que ya volaron como las nubes!
Forzoso ha sido que el libro cierre,
Que adormeciendo mis pesadumbres,
Tan distraído me va llevando
Por este trillo que aquí concluye.
Tuércese el trillo, y en dos se parte:
Uno la falda del monte sube,
Y entre maniguas que le rodean
Serpenteando llega a la cúspide:
Otro hacia el valle, que va bajando,
Entre verdosas piedras conduce.
¡Oh! yo me acuerdo que cuando niño
(¡Felices horas!) me era costumbre
La tardecita bella del sábado,
Sin acordarme del triste lunes,
Con mis amigos los escolares
Ir a esos montes que nos circuyen:
Esas canteras por donde arrastra
Yumurí manso sus ondas dulces,
Ondas sangrientas, tradicionales,
Que aún no han cantado nuestros laúdes.
Íbamos todos lanzando gritos
Que las cavernas nos repercuten:
íbamos todos, dadas las manos,

Corriendo alegres a igual empuje:
Y al acercarnos, en cada hoyuelo,
Que en lodo negro trabaja y pule,
El pueblo huraño de los cangrejos
Atropellado corre y se sume.
Y persiguiendo la mariposa
O el grillo verde que a saltos huye,
Y el platanillo buscando ansiosos
Que el dulce fruto sagaz encubre,
Y cosechando las blancas niguas
Que como perlas al aire lucen,
En excursiones, juegos y cantos
Se iba la tarde, mientras difunde
Sobre los muertos rayos solares
Su pardo velo la noche fúnebre.

Libros a la carta

A la carta es un servicio especializado para
empresas,
librerías,
bibliotecas,
editoriales
y centros de enseñanza;
y permite confeccionar libros que, por su formato y concepción, sirven a los propósitos más específicos de estas instituciones.

Las empresas nos encargan ediciones personalizadas para marketing editorial o para regalos institucionales. Y los interesados solicitan, a título personal, ediciones antiguas, o no disponibles en el mercado; y las acompañan con notas y comentarios críticos.

Las ediciones tienen como apoyo un libro de estilo con todo tipo de referencias sobre los criterios de tratamiento tipográfico aplicados a nuestros libros que puede ser consultado en Linkgua-ediciones.com.

Linkgua edita por encargo diferentes versiones de una misma obra con distintos tratamientos ortotipográficos (actualizaciones de carácter divulgativo de un clásico, o versiones estrictamente fieles a la edición original de referencia).

Este servicio de ediciones a la carta le permitirá, si usted se dedica a la enseñanza, tener una forma de hacer pública su interpretación de un texto y, sobre una versión digitalizada «base», usted podrá introducir interpretaciones del texto fuente. Es un tópico que los profesores denuncien en clase los desmanes de una edición, o vayan comentando errores de interpretación de un texto y esta es una solución útil a esa necesidad del mundo académico.

Asimismo publicamos de manera sistemática, en un mismo catálogo, tesis doctorales y actas de congresos académicos, que son distribuidas a través de nuestra Web.

El servicio de «libros a la carta» funciona de dos formas.

1. Tenemos un fondo de libros digitalizados que usted puede personalizar en tiradas de al menos cinco ejemplares. Estas personalizaciones pueden ser de todo tipo: añadir notas de clase para uso de un grupo de estudiantes, introducir logos corporativos para uso con fines de marketing empresarial, etc. etc.

2. Buscamos libros descatalogados de otras editoriales y los reeditamos en tiradas cortas a petición de un cliente.

www.ingramcontent.com/pod-product-compliance
Ingram Content Group UK Ltd.
Pitfield, Milton Keynes, MK11 3LW, UK
UKHW042007190726
13854UKWH00005B/2193

9 788411 260275